Maman,

Je t'offre ce joli carnet aujourd'hui pour que tu puisses raconter et partager l'histoire de ta vie ...

J'ai hâte de te redécouvrir à travers tes souvenirs, tes photos, tes anecdotes ...

Certaines questions sont très personnelles, tu as le choix d'y répondre ou non ... Si tu ne réponds pas à tout, je ne t'en voudrais pas !

Tu peux remplir ce carnet seule, ou en ma compagnie.

Je t'aime !

Sommaire

1/ Ton arbre généalogique ...... p. 3

2/ Ton enfance .... p. 4

3/ Ta famille .... p. 26

4/ Tes amours .... p. 48

5/ Tes enfants .... p. 63

6/ Toi .... p. 80

7/ Toi et moi .... p. 108

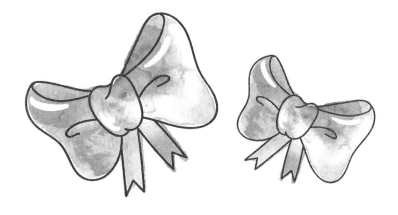

TON ARBRE GÉNÉALOGIQUE

Colle ici une photo de toi bébé ...

Quand es-tu née ? Et où ? As-tu une anecdote à me raconter sur le jour de ta naissance ?

Est-ce que tu avais un surnom étant petite ? Explique-le moi ...

Quel était ton jouet préféré ? Pourquoi ?

Colle ici une photo de toi enfant ...

Où es-tu allée à l'école primaire ? Puis au collège ?

Quelle était ta matière favorite ? Et celle que tu détestais ?

Comment étais-tu décrite par tes professeurs ?

Retrouve et colle ici un de tes anciens bulletins ...

Si tu n'en trouves pas, colle une photo de toi ....

Comment s'appelait ton(ta) meilleur(e) ami(e) durant ta scolarité ? Décris-le(la) moi...

friends

Colle ici une photo de toi et ton(ta) meilleur(e) ami(e) ...

Quel est ton plus beau souvenir d'enfance ?

Quelles étaient les activités que tu aimais faire avec ta famille ?

Aviez-vous des animaux de compagnie ? Parle-moi d'eux ...

Colle ici une photo de tes animaux de compagnie ...

Quel métier voulais-tu faire plus grande ? Pourquoi ?

As-tu eu des diplômes ? Si oui, lesquels ?

Qu'en était-il de tes rêves ?

Penses-tu avoir eu une enfance difficile ? Explique-moi ...

Lorsque tu étais jeune, est-ce que tu aimais faire des collections ? Si oui, lesquelles ?

As-tu été gravement malade plus jeune? Raconte-moi...

Parle-moi de tes parents...

Colle ici une photo de tes parents ...

Raconte-moi une anecdote sur ta mère…

Colle ici une photo de ta mère ...

Raconte-moi une anecdote sur ton père…

Colle ici une photo de ton père ...

Parle-moi de tes grands-parents...

Colle ici une photo de tes grands-parents ...

Raconte-moi une anecdote sur ta grand-mère...

Colle ici une photo de ta grand-mère quand elle était jeune ...

Raconte-moi une anecdote sur ton grand-père...

Colle ici une photo de ton grand-père quand il était jeune ...

Comment tes parents te décrivaient-ils ?

Et tes grands-parents ?

Quels principes t'ont-ils transmis et guident ta vie ?

Combien as-tu de frères et soeurs ? Parle-moi d'eux ...

Colle ici des photos de tes frères et soeurs ...

Raconte-moi une anecdote sur tes frères et soeurs ...

Colle ici des photos de tes frères et soeurs ...

Quel est ton meilleur souvenir de vacances avec ta famille ?

Quelle est l'histoire de famille la plus drôle dont tu te souviennes ? Raconte-moi...

Comment s'est passé ton premier bisou ? Ton premier rencard ?

Parle-moi de ton premier petit copain…

Combien de fois es-tu tombée amoureuse ? Raconte-moi...

Quand as-tu rencontré papa ? Raconte-moi…

Colle ici des photos de papa ...

Colle ici des photos de papa ...

Décris-moi votre premier rendez-vous galant ?

Parle-moi de la rencontre avec sa famille...

Comment a-t-il demandé ta main ?

Parle-moi de votre mariage…

Colle ici une photo de votre mariage ...

Retrouve et colle ici votre faire part de mariage ...

Avez-vous eu une lune de miel ? Si oui, où êtes-vous allés ?

As-tu été mariée plus d'une fois dans ta vie ?

Avais-tu des enfants avant de fréquenter papa ?

Combien d'enfants as-tu eu avec lui ? Dis-moi leurs prénoms, leurs dates et lieux de naissance...

Décris-moi chacun d'eux…

A quel moment de ta vie as-tu vécu ta première grossesse ?
Depuis combien de temps étais-tu mariée ?

Parle-moi de ta première grossesse …

Colle ici une photo de toi enceinte ...

Retrouve et colle ici une photo de tes échographies ...

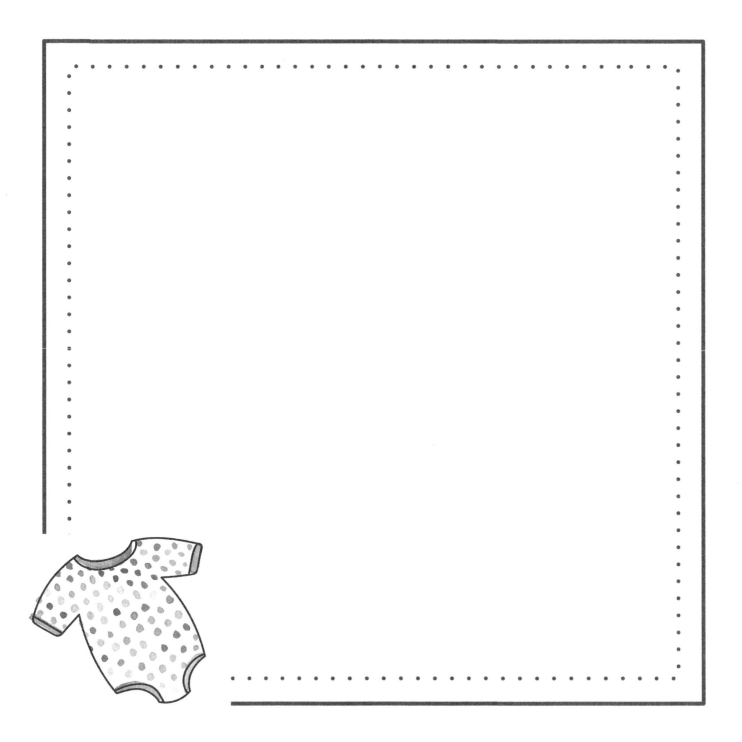

Comment as-tu appréhendé l'arrivée du premier bébé ? Et des suivants ?

Raconte-moi une anecdote sur chacun de tes enfants...

Colle ici des photos de tes enfants ...

Colle ici des photos de tes enfants ...

Colle ici des photos de tes enfants ...

Colle ici des photos de tes enfants ...

Penses-tu avoir été un parent stricte ou laxiste ?

De quoi es-tu la plus fière concernant tes enfants ?

Comment j'étais quand j'étais jeune ?

Toi ...

Est-ce que tu es croyante ? Quel impact la religion a sur ta vie ?

Quel a été ton premier travail ? Combien étais-tu payée ?

Raconte-moi brièvement ton parcours professionnel...

Est-ce que tu aimes voyager ? Si oui, quelle est ta destination favorite ?

As-tu vécu la guerre ?

Quelles sont tes passions ?

Quel est ton livre favori ? Raconte-moi ...

Quel est ton film préféré ? Raconte-moi...

Et ta chanson favorite ? Le chanteur que tu aimes le plus ?

Ecris ici les paroles de ta chanson préférée ...

Que penses-tu des inventions depuis ta naissance ? Laquelle préfères-tu ?

Quelle est ton histoire médicale ?

As-tu déjà eu un accident ? Raconte-moi...

Quand tes grands-parents sont-ils décédés ? Tes parents ?

As-tu déjà rencontré une célébrité ? Explique-moi...

Quelles sont tes recettes de cuisine favorites ?

Colle ici ta recette <u>sucrée</u> préférée ...

Colle ici ta recette _salée_ favorite ...

Si tu pouvais revenir en arrière, changerais-tu quelque chose à ta vie ?

Quel rôle a joué/joue l'argent dans ta vie ?

As-tu des regrets ?

Qui sont tes meilleurs amis aujourd'hui ? Décris-les moi ...

Colle ici une photo de tes amis ...

Quels sont tes objectifs futurs ?

Qu'est-ce qui te définit selon toi ?

De quoi es-tu la plus fière ? Explique-moi ...

Connais-tu tes origines ?

Qu'est-ce que tu aimes chez moi ? Et qu'est ce que tu détestes ?

Colle ici une photo de moi …

En quoi se ressemble-t-on toi et moi ?

Colle ici une photo de toi et moi ...

En quoi sommes-nous différent(e)s ?

Que pourrais-tu me raconter sur toi que je ne sais pas déjà ?

Veux-tu me dire quelque chose que tu n'as jamais osé m'avouer ?

Que veux-tu que tes petits-enfants retiennent de toi ?

Détiens-tu des secrets de famille ? Raconte-moi si tu peux...

Printed by Amazon Italia Logistica S.r.l.
Torrazza Piemonte (TO), Italy